L²⁷n
28561.

VIE ABRÉGÉE

DE

SAINT LIÉVIN

SAINT LIÉVIN

PRIÈRE A SAINT LIÉVIN

C'est à votre intercession que j'ai recours, ô glorieux saint Liévin ! puisse la palme du martyr que vous avez obtenue pour Jésus-Christ, me donner la force de vous imiter en cette vie, et après ma mort, bénir avec vous le Seigneur pendant tous les siècles des siècles.

Ainsi soit-il.

VIE ABRÉGÉE

DE

SAINT LIÉVIN

ARCHEVÊQUE D'ÉCOSSE & MARTYR

HONORÉ AU VILLAGE DE MERCK-SAINT-LIÉVIN

DOYENNÉ DE FAUQUEMBERGUES

LE 28 JUIN ET LE 12 NOVEMBRE

SUIVIE D'UNE NOTICE SUR SON

PÈLERINAGE

Par M. l'abbé ROBERT, curé du Transloy

MEMBRE DE PLUSIEURS SOCIÉTÉS SAVANTES

> « *Virum approbatum à Deo.....*
> *Virtutibus, et prodigiis et signis,*
> *Quæ fecit Deus per illum.....*»
>
> « Il fut homme de Dieu, fameux
> par les merveilles, les prodiges et
> les miracles que Dieu a opérés par
> lui. »
>
> (Act. Apost. Cap. 2.)

SAINT-OMER

TYP. ET LITH. J. DEVEY, RUE DES TRIBUNAUX, 4

1875

VIE ABRÉGÉE

DE

SAINT LIÉVIN

ARCHEVÊQUE D'ÉCOSSE ET MARTYR

I

> « *Virum approbatum à Deo.....*
> *Virtutibus, et prodigiis et signis,*
> *Quæ fecit Deus per illum.....* »
>
> « Il fut homme de bien, fameux par les merveilles, les prodiges et les miracles que Dieu a opérés par lui. »
>
> (Act. Apost. Cap. 2.)

Les historiens Massé et le R. P. Le Clerque rapportent que sous Coloman, roi d'Ecosse, vivait un puissant prince nommé Théogène, recommandable par ses hautes qualités, et doué d'une haute prudence. Son épouse, princesse d'un rare mérite, issue des rois d'Irlande ([1]), s'appelait Algamie.

Elle coulait ses jours dans la pratique de toute sorte de bonnes œuvres ; aussi fut-elle récompensée par la naissance d'un fils que Dieu lui accorda, en l'an 580, et qui, d'après une vision céleste, « devait être la lumière du monde, un grand défenseur et patron du royaume ([2]). »

Son oncle paternel Ménalque, archevêque d'Edimbourg, régénéra cet enfant *bien-aimé* ([3]), dans les eaux du baptême, en présence de Saint Augustin, archevêque de Cantorbéry. Il reçut le nom de Liévin, pour honorer la mémoire d'un ancien archevêque d'Irlande, frère de sa mère, qui avait aussi porté ce nom, et qui était décédé martyr pour la foi de Jésus-Christ.

Un saint prêtre, ayant nom Bénigne, prit soin de sa jeunesse, le dirigeant dans la vertu comme dans les sciences, où il fit des progrès très rapides. Le ciel, dès l'âge de neuf ans, le gratifia du don

---

(1) Les Ecossais habitaient autrefois l'Irlande, et étaient gouvernés par les princes de cette nation. *Acta Sanctorum*, t. 6, *Augusti*, 607.

(2) Saint Boniface.

(3) Liévin, en écossais, signifie *Bien-Aimé*.

précieux des miracles (1) ; de sorte que sa grande sainteté, ainsi que les prodiges qu'il faisait, le rendirent bientôt très célèbre par toute l'Ecosse : *miraculorum gloriâ et sanctitatis famâ longè latèque Clarus* (2).

Formé à la vertu dès sa plus tendre enfance, Saint Liévin comprit facilement qu'il assurerait mieux son salut, en renonçant aux avantages que lui promettait sa naissance. Il prit donc la résolution de quitter ses parents, comme la cour brillante du roi Coloman.

Sous la conduite d'un ange il traversa la mer à pied sec (3), et alla trouver, vers l'an 598, Saint Augustin, en Angleterre, où le Pape, Saint Grégoire-le-Grand l'avait envoyé pour travailler à la conversion des infidèles.

Ordonné prêtre par cet apôtre de la Grande-Bretagne, Liévin partagea les travaux et la gloire de cette mission, pendant cinq années, pour devenir ensuite le successeur de Ménalque, son oncle, à l'archevêché d'Ecosse. En effet, après la mort du

---

(1) Dom Durocq.
(2) Bréviaire de Gand.
(3) *Mare angelo custode duce, sicco vestigio pertransivit.*
(Bréviaire de Gand.)

titulaire, le roi Coloman comme tout le peuple, élurent, pour lui succéder, le noble fils de Théogène, qui se rendit à leurs prières, et administra ses ouailles avec un zèle au-dessus de tout éloge, appuyant de l'austérisé de sa vie, la vérité de ses paroles. Ses compatriotes cependant n'eurent point le bonheur de le conserver longtemps ; Dieu l'appelait ailleurs.

II

S'étant déchargé du soin de son troupeau, notre glorieux missionnaire, accompagné de tous ses diciples, Follian, Hélie et Kilien, traversa de nouveau les mers pour se rendre cette fois dans la Morinie.

Il vint débarquer à Wissant, selon le R. P. Malbrancq, et peu après se rendit au hameau du Pont-de-Briques où il passa très peu de jours (1).

A son arrivée, Saint Omer, évêque de Thérouanne, se l'adjoignit, pour évangéliser ces contrées et porter le flambeau de la foi par toute la Morinie.

C'est surtout à Merck-Saint-Liévin, à qui il laissa son nom, que ce saint archevêque d'Irlande fixa sa résidence, où, d'après Harbaville, il demeura l'espace de quatre ans (2).

Il fit là plusieurs miracles, répandit de sages

(1) H. Piers. — Variétés historiques.
(2) Mémorial historique, etc.

avis, ainsi que de salutaires recommandations (¹). Le R. P. Malbrancq rapporte qu'il se retirait souvent à la Motte-Warnee, hameau de Saint-Liévin, dans un lieu souterrain, où il disait la sainte messe, sur un autel en pierre, dont se servait Saint Omer, alors qu'il habitait Wavrans, commune limitrophe de cette paroisse.

Cependant Saint Liévin ne borna pas là seulement ses travaux apostoliques ; le vieux Brabant devait encore être témoin de ses merveilles, et entendre sa parole puissante. Il arriva à Gand suivi de ses diciples vers l'an 635, et descendit à l'abbaye de Saint-Bavon où il fut reçu de la meilleure grâce du monde, par Saint Florbert, abbé de ce monastère.

Pendant trente jours, il offrit le saint sacrifice sur le tombeau de son pieux fondateur, Saint Bavon, illustré déjà par plusieurs miracles, pour se préparer ensuite, à annoncer l'Évangile par toute la Flandre.

L'abbé Florbert avait pourvu à sa subsistance, comme à celle des compagnons de son apostolat.

Saint Liévin était poète : nous avons de lui une

---

(1) H. Piers.

lettre précieuse, ainsi qu'une pièce de vers, en forme de colloque, et assez bons ; selon Pacot elle fut rapportée par Usurius, et citée après lui par Mabillon.

Florbert sut tirer parti de la science de son hôte, en le priant de composer l'épitaphe de Saint Bavon. Saint Liévin s'en excusa ; mais il se rendit à la prière du saint abbé, et fit l'élégie dont nous venons de parler, composée de quarante-un distiques, que nous donnerons dans une vie plus étendue, touchant ce grand apôtre de la Flandre.

III

Pour atteindre le but de sa mission, notre saint s'éleva avec force contre les vices des païens, et le culte superstitieux qu'ils rendaient à leurs idoles.

Ces malheureux ne purent souffrir longtemps les véhémentes prédications de l'homme de Dieu ; de rage, ils lui arrachèrent la langue avec des tenailles de fer, et la jetèrent aux chiens. Un miracle éclatant les paya de tant de cruauté : un feu descendu du ciel réduisit en cendre ces misérables, et la langue du saint lui fut rendu à l'instant par un second prodige, « *et canibus projecta divinitus et redditur* (1). »

Cette merveille rendit Saint Liévin plus ardent et plus zélé que jamais : aussi ne tarda-t-il pas à recevoir la palme du martyr, prix de ses courses évangéliques !... A quelques jours de là

(1) Brév. de Gand.

en effet, il fut poignardé par les nommés Walbert et Menizo, et eut, d'après Ghesquière, la tête tranchée, le 12 novembre de l'an 657 de notre ère.

Ses fidèles disciples reçurent son corps avec le plus grand soin et l'inhumèrent dans le village d'Authem, où il demeura jusqu'à ce que Téodoric, évêque de Cambrai, l'eût fait enlever de terre, vers l'an 848, à cause des nombreux miracles opérées sur son tombeau Depuis, ses reliques précieuses furent transférées à Gand et déposées dans le monastère de Saint-Pierre.

Cet illustre martyr est fort honoré dans toute la Belgique, la Flandre, l'ancien Artois et le Boulonnais.

Le village de Merck-Saint-Liévin, se glorifie d'avoir eu les prémices de la prédication de ce saint apôtre (1); et depuis, jusqu'à nos jours, il n'a cessé d'y opérer de grands miracles.

(1) Dom Ducrocq.

— 17 —

Son église rappelle les beaux jours de foi de nos aïeux ; l'historien Malbrancq y officia avec pompe ; et dom Ducrocq, religieux bénédictin, à cause de son pèlerinage célèbre, l'appelait *l'incomparable Saint-Liévin.*

IV

C'était le 9 août 1554, Charles-Quint, disposé à secourir le château de Renty, assiégé par les Français, s'y était rendu, pour veiller à la conservation de son église antique, dont « le vaisseau était parfaitement *beau et riche*, » d'après l'expression du R. P. Le Clerque.

Peine inutile! elle fut malheureusement brûlée par Châtillon, maréchal de France et calviniste, outré contre notre sainte religion, afin d'éteindre dans ce pays la *mémoire du grand Saint Liévin* (Dom Ducrocq).

Bientôt elle se releva de ses ruines par la piété généreuse d'Albert et d'Isabelle, par celles des princes de Croï, seigneur de Saint-Liévin, et par les aumônes des pèlerins qui « y venoient en foule de France, de Liége, du Boulonnais, d'Angleterre, etc. » (Malbrancq et le R. P. Le Clerque).

Allart Trubert, 61e abbé de Saint-Bertin, a contribué sans doute aussi à la restauration de cet édifice. Parmi les charmants culs-de-lampe de la nef de Saint-Liévin, on remarque en effet un moine représenté portant un écusson sur la poitrine, et revêtu de l'habit religieux.

Aujourd'hui, cette église est sans contredit l'une des plus belles de l'arrondissement de Saint-Omer. Son clocher, vraiment monumental, est remarquable par son architecture hardie (H. Piers).

Sa flèche s'élance majestueusement dans les cieux, comme pour voir, chaque jour, arriver les nombreux pèlerins qui y viennent de tous côtés, avons-nous dit, dans notre notice sur ce village, 130 marches conduisent à la galerie de la tour, et l'on compte 34 mètres de la base du monument à cette galerie, distante elle-même de 34 mètres de la croix qui la surmonte. Des triangles de la pyramide sont flanqués de corbeaux ou de fleurons élégants.

Dans l'intérieur, le chœur, ainsi que le sanctuaire de Saint-Liévin, témoignent de son ancienne splendeur, des faisceaux de nervures ogivales se dessinent élégamment sous leurs voûtes en pierre, dont les contours grâcieux inspirent la piété comme le recueillement.

Le maître-autel est richement orné par groupe magnifique, de grandeur naturelle. C'est Notre-Dame-des-Sept-Douleurs, obtenue par nous, en 1841, de Marie-Amélie, reine des Français.

Un beau tableau, l'annonciation de la Sainte-Vierge, copiée d'après Zurbazan, célèbre peintre Espagnol (1), meuble de la nef du milieu, ainsi que la chaire de vérité d'une admirable sculpture.

Le calvaire derrière l'abside est très ancien; chaque année le bas des personnages, comme la croix elle-même, est tailladée par de fugitives mains, à l'effet sans doute de se procurer d'efficaces reliques.

---

(1) Ce tableau, provenant de l'Exposition de Paris, a été aussi obtenu par nous, sur notre demande, présentée au Ministre de l'Intérieur en 1850, par notre honorable ami M. Jules Saint-Amour, représentant.

V

Maintenant ce qui est le plus précieux pour cette église, c'est la relique vénérée de Saint-Liévin, enchassée dans un bras d'argent placé au bas de la statue du saint, sur l'autel dédié à ce glorieux soldat de Jésus-Christ.

Guffroy, seigneur de Warnec, l'obtint d'un prélat de Saint-Bavon, vers l'an 1300, et elle fut installée dans la chapelle du patron de cette paroisse, par Jean, évêque de Thérouanne, au milieu d'une foule immense, venue de toutes parts, pour assister à cette imposante cérémonie. Elle a été reconnue, depuis, comme authentique, et à diverses reprises, par NN. SS. les évêques de Boulogne, et Son Eminence Mgr de La Tour-d'Auvergne, évêque d'Arras, dans le courant des années 1808 et 1829.

La fête principale de Saint Liévin est le 28 juin, jour de la translation de ses saintes reliques.

En tout temps, le nombre des pèlerins qui viennent les vénérer dans cette commune a été considérable. Un jour on en a compté plus de douze mille ; tant est grande, dit le R. P. Le Clerque, « la dévotion et affection que toutes nations voisines ont et témoignent pour cet illustre martyr de la foi, » Car, ajouterons-nous avec l'auteur des *recherches historiques sur Zuydcote* (1). « La reconnaissance se met facilement au cœur de l'homme qui n'a reçu que des bienfaits. »

D'après le R P. Ribadeneira, il est principalement invoqué par ceux qui sont en danger de la vie « lesquels aussi ordinairement font vœu d'y aller en pèlerinage s'ils relèvent de la maladie, parce que les fidèles ont souvent éprouvé que Dieu a donné guérison miraculeuse à plusieurs malades, par l'intercession de ce sainct (2). » La confiance en lui est illimitée, générale, et les miracles qu'on en cite sont nombreux, dit encore R. de Bertrand.

Comme gage de cures extraordinaires, des *ex-voto* surchargent les murs de la chapelle, ce sont des cœurs d'argent, des tableaux, des petits navires et le portrait en pied de Saint-Liévin, re-

---

(1) R. de Bertrand, de Dunkerque.
(2) Les Fleurs de la vie des Saints.

présenté secourant des malheureux naufragés qui le réclament en mer ; marque durable de la reconnaissance des marins qui ont senti les heureux effets de sa protection. Ceux de Berck, de Calais et de Boulogne surtout viennent, chaque année, nu-pieds, rendre des actions de grâce pour une heureuse délivrance, ou un fait miraculeux ; aussi c'est chose sacrée pour eux que le pèlerinage de Saint-Liévin (1).

« Finalement les narrations des cures procurées par les mérites de ce saint sont réellement merveilleuses (2) ; » notamment sur des personnes de Lille, de Bergues, d'Arras et d'Hesdin.

Nous avons entendu des pèlerins nous certifier avoir obtenu l'objet de leurs vœux par l'intercession puissante du glorieux martyr, dans les situations les plus critiques et les plus désespérées de la vie.

Pour l'obtention d'une grâce de ce genre, une dame de haut rang a déposé un jour 200 francs dans le tronc de la chapelle ; cette généreuse dame

(1) Pèlerinage de Merck-Saint-Liévin, R. de Bertrand. Dunkerque 1842.

(2) Variétés historiques. H. Piers, 1843.

nous est restée inconnue ; nous lui témoignons ici hautement toute notre reconnaissance.

Une autre fois une béquille y a été laissée par un infirme, en témoignage de sa guérison miraculeuse, ainsi qu'un médaillon en argent, sur lequel on voit une oreille gravée, et ce nom : *le capitaine Dufourny, de Boulogne.*

VI

Pendant la neuvaine de Saint-Liévin, on se croirait encore au 17ᵉ siècle, temps de la domination espagnole, où les processions et les rendez-vous pieux étaient le plus en vogue (1) ; on y afflue de toutes les paroisses limitrophes, et même des départements voisins. Pendant l'octave de cette belle fête, les curés les plus rapprochés viennent tous les matins à Merck, suivis de leurs ouailles, pour y chanter la sainte messe et implorer la protection de cet élu du ciel, pour leurs paroissiens, leurs parents, leurs amis et pour eux. Ecoutons un témoin oculaire qui, lui aussi, est venu assister à la fête de Saint-Liévin, c'était le 28 juin 1849.

(1) H. Piers. Variétés historiques, 1843.

Ce jour — M. Henri de Laplane, ancien député, inspecteur des monuments historiques, et membre de plusieurs sociétés savantes, écrivait ainsi sous l'impression de ce qu'il avait vu :

« Vers le milieu de la semaine dernière, la commune de Merck-Saint-Liévin, près Fauquembergues, a vu se renouveler une pieuse cérémonie, toujours intéressante :

» De temps immémorial, les marins de Boulogne, cette population énergique, restée stationnaire dans ses usages, ses mœurs et sa foi, ont toujours eu la plus grande confiance dans Saint Liévin, patron des matelots ; depuis bien des siècles, ils ont conçu et religieusement mis à exécution la pieuse pensée, de venir chaque année, déposer au pied de l'autel spécialement consacré à ce saint archevêque, leurs prières, leurs vœux, leurs douleurs, leurs offrandes, leurs misères, leurs espérances. Souvent ils ont ressenti les consolations les plus efficaces, grâce à l'intercession du bienheureux pontife, dont il se plaisent à publier la grandeur...

» On voit dans cette église grand nombre

d'*ex-voto*, signes commémoratifs et non suspects d'une protection spéciale ; ses murs en pierres blanches, sa flèche majestueuse et élancée portent encore les noms de quelques milliers de personnes qui depuis plusieurs siècles sont venues à Saint-Liévin pour accomplir un religieux devoir.

» C'est avec un vif intérêt que nous avons entendu de jeunes et courageux marins raconter les témoignages qu'ils ont à invoquer en faveur de la dévotion qui annuellement les amène dans la modeste commune qui porte le nom, et garde précieusement la relique vénérée de leur saint protecteur. Ces témoignages hautement exprimés sont héréditairement transmis et conservés par eux comme un souvenir de famille..

» Jeudi dernier, 28 juin, par un temps admirable le tintement de la cloche du matin appelait les habitants de la paroisse de Saint-Liévin et ceux des environs à la neuvaine annuelle. Déjà les rues, les places, les maisons, l'église, ses alentours se remplissaient de pèlerins Boulonnais, de tout âge, de tout sexe : Hommes, femmes, enfants, vieillards, arrivés processionnellement, quelques-uns même nu-pieds, jusqu'à l'autel du saint qu'ils venaient invoquer. C'était un spectacle touchant et curieux à la fois de voir cette nombreuse légion de matelots, de matelotes, assister en foule aux offices avec le plus grand recueillement. C'était une attachante cérémonie que celle qui attirait au pied de l'autel une multitude de veuves et d'orphelins de la mer, portant pour la plupart la bannière du deuil, leurs enfants sur les bras, la figure flétrie par le chagrin, les larmes aux yeux, la prière sur des lèvres décolorées, mais la confiance dans l'âme ; et de les voir ainsi solliciter à genoux pour eux la bénédiction sacerdotale en présence de l'image *de leur grand saint*, l'implorant pour leur père, leur frère, leur époux, leur ami, au moment où ceux-ci devront tenter de nouveau les hasards de l'Océan. Voilà ce que nous avons vu, voilà ce que nous avons entendu... Toute la journée pour les pèlerins s'est passée dans la prière et le recueillement. »

Ce récit, en tout point conforme à la vérité, suggère bien des réflexions : on ne peut se défendre d'une émotion toute naturelle, à la vue d'un si touchant spectacle qui contraste singulièrement avec les incroyables idées si audacieusement émises par nos modernes novateurs.

VII

Maintenant, nous terminerons en émettant ce vœu : que l'on conserve ce temple mémorable, qui rappelle tant et de si glorieux souvenirs. Où sont donc les anciennes chapelles qui attiraient les pieux voyageurs dans nos environs ? dirons-nous avec l'ex bibliothécaire de Saint-Omer, H. Piers. A peine pourrait-on signaler, par exemple, à Helfaut, l'endroit où fut celle de Saint-Fuscien dont le souvenir est resté gravé toutefois dans nos armoiries. « Qui ne sait cependant que la statue populaire console le malheureux, et est utile à l'humanité.

PRIÈRES A SAINT LIÉVIN

O Dieu ! qui reçutes en odeur de sa sainteté votre Saint Confesseur Liévin, mourant victime de son zèle et de sa charité, accordez-nous de mépriser à son exemple, pendant la vie, tout ce qui n'est point à vous, et de mériter, comme lui, d'avoir une mort précieuse à vos yeux. Par N. S. J.-C.

Ainsi soit-il.

O grand patron des affligés, Saint Liévin, je vous prie très-humblement de vous souvenir de moi dans ma présente affliction, obtenez-moi la patience, afin que bénissant le nom de Dieu dans mes désolations, j'obtienne une bonne mort, et puisse jouir dans le ciel d'une parfaite consolation.

Ainsi soit-il.

---

451 — Typ. J. Devby, à Saint Omer.

www.ingramcontent.com/pod-product-compliance
Lightning Source LLC
Chambersburg PA
CBHW061015050426
42453CB00009B/1453